Campus

Gesamtkurs Latein

Ausgabe B und C

Ferienlernheft 1

C.C.BUCHNER

Campus B/C. Palette

Herausgegeben von Christian Zitzl, Clement Utz,
Andrea Kammerer und Reinhard Heydenreich.

Das Ferienlernheft 1 wurde erarbeitet von Sissi Jürgensen.

Über weiteres fakultatives Begleitmaterial zu Campus informiert Sie C.C.Buchner Verlag · Postfach 1269 · D-96003 Bamberg.

BAMBERGER WORTSCHATZ

1. Auflage, 4. Druck 2016
Alle Drucke dieser Auflage sind, weil unverändert, nebeneinander benutzbar.

Redaktion: Jutta Schweigert
Satz und Gestaltung: SchwabScantechnik, Göttingen
Zeichnungen: Julia Friese, Berlin
Umschlaggestaltung: HOCHVIER GmbH & Co. KG, Bamberg
Druck und Bindung: creo Druck & Medienservice GmbH, Bamberg

www.ccbuchner.de

ISBN 978-3-7661-**7901**-2

LÖSUNGEN

EINSTUFUNGSTEST (Seite 4/5)

1. (Je ½ BE) **a)** aufgeben, beiseite lassen **b)** obwohl **c)** leer, wertlos **d)** geeignet, günstig **e)** vergrößern, vermehren **f)** drehen, wenden **g)** bei **h)** Himmel **i)** verborgen sein **j)** (Amts-) Gewalt, Macht

2. (Je ½ BE) 1d 2f 3b 4a 5c 6e

3. (Je 1 BE) **a)** virtutis **b)** terram **c)** ea **d)** ingenia **e)** lucibus **f)** oculos

4. (Je ½ BE) 1e 2f 3a 4c 5b 6d

5. (Je 1 BE) **a)** 2. Sg. Perf. **b)** 1. Pl. Fut. I **c)** 3. Pl. Impf. **d)** 2. Sg. Präs. **e)** 1. Sg. Plusqpf. **f)** 3. Sg. Perf.

6. (Je 1 BE) **a)** quod **b)** cuius

7. (Je 2 BE) a3 b2

8. (Je Fehler 1 BE Abzug) **a)** Herkules, den du gut kennst, war in verschiedene Gefahren gekommen / geraten. **b)** Weil er diese / sie alle überwunden hatte, glaubten / meinten die Griechen, dass dieser tapfere Mann der Sohn des Jupiter / Jupiters Sohn (gewesen) war.
c) Daher erzählten sie nach seinem Tod / nach dem Tod dessen, dass Jupiter ihn in den Himmel, von dem er zur Erde herabgestiegen war, zurückgeführt hatte.

9. a) (Je ½ BE: maximal 1 BE) Genannt werden können: der Nemeische Löwe, die Stymphalischen Vögel, der Stall des Augias, die menschenfressenden Pferde des Diomedes, die Hydra von Lerna, die Kerynitische Hirschkuh, der Erymantische Eber, der Kretische Stier, der Raub der Äpfel der Hesperiden, der Raub der Rinder des Geryon, das Wehrgehänge der Hippolyte, das Heraufbringen des Kerberos aus der Unterwelt
b) (Je ½ BE) Königin Dido; Karthago

LERNBLOCK 1 · LERNSTUFE 1 (Seite 6/7)

1. a) Frechheit, Kühnheit **b)** Gerät, Waffen **c)** dumm **d)** Kinder **e)** Wind **f)** Schicksal, Glück **g)** arm, erbärmlich, unglücklich **h)** Krieg **i)** erstaunlich, sonderbar **j)** List, Täuschung **k)** voll **l)** Freude **m)** Begabung, Talent, Verstand **n)** Volk **o)** Beratung, Beschluss, Plan, Rat **p)** Nahrung, Speise, Futter **q)** Dunkelheit, Finsternis **r)** glücklich, reich **s)** hoch, tief **t)** Jahr **u)** Aufgabe, Geschäft, Angelegenheit **v)** Wohltat **w)** Überbleibsel, Überrest, Ruine **x)** alle (zusammen) **y)** Mann **z)** Bote, Nachricht

2. a) gelb: arma, liberi, tenebrae, reliquiae, cuncti **b)** grün: stultus, miser, mirus, plenus, beatus, altus, cuncti **c)** servus – serva, amicus – amica, puer – puella, dominus – domina, filius – filia **d)** gladius: Bild 3, oculus: Bild 1, pecunia: Bild 5, frumentum: Bild 2, monstrum: Bild 4

3.

	a		o (m)		o (n)	
	Singular	Plural	Singular	Plural	Singular	Plural
Nom.	fabul-a	fabul-ae	cib-us	cib-i	don-um	don-a
Gen.	fabul-ae	fabul-arum	cib-i	cib-orum	don-i	don-orum
Dat.	fabul-ae	fabul-is	cib-o	cib-is	don-o	don-is
Akk.	fabul-am	fabul-as	cib-um	cib-os	don-um	don-a
Abl.	fabul-a	fabul-is	cib-o	cib-is	don-o	don-is

Die Endungen für Dativ Plural und Ablativ Plural sind in allen drei Deklinationsklassen gleich. Ebenso haben Neutra dieselbe Endung im Nominativ und Akkusativ Singular sowie im Nominativ und Akkusativ Plural. Die Formen der o-Deklination m und der o-Deklination n sind mit Ausnahme des Nominativ Singular sowie des Nominativ und Akkusativ Plural gleich.

4. a-Deklination: lacrimis, orarum, naturae, fugam **o-Deklination (Maskulina):** fluvium, loco, carros, sonorum **o-Deklination (Neutra):** vinum, caeli, signa, pretiis

5. a) tant*um* auxilium: Nom. Sg. n oder Akk. Sg. n **b)** equi nigr*i*: Gen. Sg. m oder Nom. Pl. m **c)** aquam clar*am*: Akk. Sg. f **d)** magn*is* agris: Dat. Pl. m oder Abl. Pl. m **e)** portae antiqu*ae*: Gen. Sg. f oder Dat. Sg. f oder Nom. Pl. f **f)** in summ*o* periculo Abl. Sg. n

6. a) summi muri: die höchsten Mauern → summis muris: den höchsten Mauern → summos muros: die höchsten Mauern **b)** parvae silvae: des kleinen Waldes → parvarum silvarum: der kleinen Wälder → parvis silvis: durch die kleinen Wälder

LERNBLOCK 1 · LERNSTUFE 2 (Seite 8/9)

1. a) Schmerz **b)** gemeinsam, allgemein **c)** Quelle, Ursprung **d)** Gesundheit, Rettung, Gruß, Glück **e)** junger Mann; jung **f)** Licht, Tageslicht **g)** unanständig, hässlich, schändlich **h)** Soldat **i)** aus, von … her **j)** jeder, ganz; *Pl.:* alle **k)** Teil, Seite **l)** wegen **m)** Ehefrau **n)** schnell **o)** Freiheit **p)** von, von … her, von … weg, von … herab, über **q)** Sommer **r)** kräftig, tapfer **s)** bei **t)** Kaufmann, Händler **u)** Feind **v)** Vater **w)** Arbeit, Anstrengung **x)** König **y)** Angst, Furcht **z)** ohne

2. a) gelb: iuvenis **b)** grün: communis, turpis, omnis, celer, fortis **c)** blau: e/ex, propter, de, apud, sine **d)** pater – mater; lux – nox; frater – soror; imperator – populus; miles – bellum; vox – clamor; victor – honor; ante – post

3.

	amor		natio		nox	
	Singular	Plural	Singular	Plural	Singular	Plural
Nom.	amor	amor-es	natio	nation-es	nox	noct-es
Gen.	amor-is	amor-um	nation-is	nation-um	noct-is	noct-ium
Dat.	amor-i	amor-ibus	nation-i	nation-ibus	noct-i	noct-ibus
Akk.	amor-em	amor-es	nation-em	nation-es	noct-em	noct-es
Abl.	amor-e	amor-ibus	nation-e	nation-ibus	noct-e	noct-ibus

Die Endungen sind für alle Wörter gleich, nur der Wortstamm ist jeweils verschieden. Beachte: nox bildet den Genitiv Plural auf -ium.

4. Akkusativ: per, ad, sub, ante, post, propter, in, apud **Ablativ:** cum, sine, a/ab, sub, in, de, e/ex

5. a) *ante* leon*em* crudel*em* **b)** *de* amor*e* trist*i* **c)** *post* mort*em* commun*em* **d)** *cum* milit*ibus* acr*ibus* **e)** *per* omn*em* multitudin*em*

6. hominis fortis – Gen. Sg. – des tapferen Menschen; homo fortis – Nom. Sg. – der tapfere Mensch; hominibus fortibus – Dat. Pl. – den tapferen Menschen; hominum fortium – Gen. Pl. – der tapferen Menschen; homines fortes – Akk. Pl. – die tapferen Menschen; homini forti – Dat. Sg. – dem tapferen Menschen

Es fehlen: hominem fortem – Akk. Sg. – einen tapferen Menschen; homine forti – Abl. Sg. – durch einen tapferen Menschen; homines fortes – Nom. Pl. – tapfere Menschen; hominibus fortibus – Abl. Pl. – durch tapfere Menschen

LERNBLOCK 1 · LERNSTUFE 3 (Seite 10/11)

1. a) zu, bei, nach, an **b)** Gemeinde, Staat **c)** leer, wertlos **d)** viel **e)** Handlung, Tat, Tatsache **f)** Geist, Mut, Gesinnung **g)** Dank **h)** hinter, nach **i)** traurig, unfreundlich **j)** unter **k)** (Amts-)Gewalt, Macht **l)** hoch, tief **m)** Gefallen, Nachsicht, Verzeihung **n)** Preis, Wert **o)** geeignet, günstig **p)** Beschäftigung, Engagement, Interesse **q)** Gebiet, Gegend, Richtung **r)** grausam **s)** vor **t)** Mensch **u)** Dieb **v)** Küste **w)** Gefahr **x)** so groß, so viel **y)** Himmel **z)** angenehm, süß

2. a) vinea → vinea: Weinberg; venia → venia: Gefallen, Nachsicht; vina → vinum: Wein; ludi → ludus: Spiel, Schule; luci → lux: Licht; loci → locus: Ort, Platz, Stelle; voci → vox: Stimme, Äußerung, Laut; donum → donum: Geschenk; dolum → dolus: List, Täuschung; dolorum → dolus: List, Täuschung oder dolor: Schmerz

3. Zeile 1: bella: Nom. Pl., Akk. Pl. → bellum, bellum – equos: Akk. Pl. → equum **Zeile 2:** noctium: Gen. Pl. → noctis – honori: Dat. Sg. → honoribus **Zeile 3:** fines: Nom. Pl., Akk. Pl. → finis, finem – partibus: Dat. Pl., Abl. Pl. → parti, parte **Zeile 4:** regem: Akk. Sg. → reges – monte: Abl. Sg. → montibus **Zeile 5:** patriis: Dat. Pl., Abl. Pl. → patriae, patria – filium: Akk. Sg. → filios **Zeile 6:** virtutis: Gen. Sg. → virtutum – voci: Dat. Sg. → vocibus **Zeile 7:** vento: Dat. Sg., Abl. Sg. → ventis, ventis – iuvenis: Nom. Sg., Gen. Sg. → iuvenes, iuvenum **Zeile 8:** officia: Nom. Pl., Akk. Pl. → officium, officium – terrae: Gen. Sg., Dat. Sg.,Nom. Pl. → terrarum, terris, terra **Zeile 9:** leonum: Gen. Pl. → leonis – hostis: Nom. Sg., Gen. Sg. → hostes, hostium **Zeile 12:** vicos: Akk. Pl. → vicum – pueris: Dat. Pl., Abl. Pl. → puero, puero

4. 1. Der Vesuv erfüllt die Menschen mit Furcht. 2. Die ganze Familie – der Mann, die Ehefrau, die Kinder, sogar die Sklaven – eilt auf die Straßen und schaut zum Berg. 3. Eine Sklavin ruft mit lauter Stimme: »Eine schwarze Wolke erhebt sich aus dem Berg! Wie groß sie ist!« 4. Eines von den Mädchen weint: »Wir müssen unsere Häuser sofort verlassen!« 5. Während das Mädchen weint, ist das Licht der Sonnen plötzlich verborgen; schon erschreckt die Finsternis alle Pompejaner. 6. Ein kleiner Junge sagt: »Gewiss/Sicherlich sind wir unter dem Dach des Tempels sicher!« 7. Dennoch bleibt die Familie nicht in der Stadt, sondern sucht ihr Heil in der Flucht (Rettung durch die Flucht).

a) complet, properat, spectat, clamat, surgit, est, flet, debemus, flet, latet, terrent, dicit, sumus, manet, petit **b)** Vesuvius, omnis familia, vir, uxor, liberi, servi, serva, nimbus niger, una, puella, lux, tenebrae, parvus puer, familia **c)** gelb: homines, vias, montem, tecta nostra, omnes Pompeianos, salutem **d)** grün: timore, magna voce, monte, puellis, tecto, oppido, fuga **e)** rot: solis, templi **f)** 79 n.Chr.

LERNBLOCK 2 · LERNSTUFE 4 (Seite 12/13)

1. a) noch nicht **b)** herabsteigen **c)** fassen, nehmen, erobern **d)** pflegen, sorgen für **e)** aufsuchen, (er)streben, bitten, verlangen **f)** frei sein von, ohne (etwas) sein, nicht haben **g)** drehen, wenden **h)** sicherlich, tatsächlich **i)** finden, erfinden **j)** besetzen, einnehmen **k)** machen, tun, handeln **l)** plötzlich **m)** (zu Boden) fallen, umkommen, untergehen – *oder:* niederschlagen, töten **n)** erblicken, ansehen **o)** wiederum, zum zweiten Mal **p)** angreifen, prüfen, versuchen **q)** vorher, früher **r)** zusammenkommen, zusammenpassen, besuchen **s)** fällen, töten **t)** zurückstoßen, abweisen, vertreiben **u)** erschrecken **v)** anzeigen, melden **w)** (los)lassen, schicken, werfen **x)** töten, vernichten **y)** schweigen, verschweigen **z)** erhalten, erfahren

2. a) gelb: occidere, caedere, interficere **b)** grün: invenire, convenire **c)** blau: capere, facere, aspicere, interficere, accipere **d)** rot: carere, terrere, tacere **e)** ita –sic; tenere – habere; putare – credere; gerere – portare; prohibere – defendere; dare – praebere

3. a-Konjugation: paramus, clamatis, narro **e-Konjugation:** patent, deleo, exerces **i-Konjugation:** sentio, veniunt, munimus **kons. Konjugation:** educis, concedis, arcessitis

4. a) relinquo: ich verlasse → relinquit: er, sie, es verlässt; lässt zurück → relinquebat: er, sie, es verließ → relinquebatis: ihr verließt **b)** timent: sie fürchten → timebant: sie fürchteten → timebas: du fürchtetest → times: du fürchtest **c)** probabas: du prüftest, bewiest; befandest für gut → probas: du prüfst → probo: ich prüfe → probant: sie prüfen **d)** scimus: wir wissen; kennen; verstehen → sciunt: sie wissen → sciebant: sie wussten → sciebam: ich wusste **e)** capiebant: sie fassten, nahmen, eroberten → capiebamus: wir fassten → capimus: wir fassen → capiunt: sie fassen

5. a) possunt **b)** est **c)** poteramus **d)** estis **e)** potes **f)** eras

LERNBLOCK 2 · LERNSTUFE 5 (Seite 14/15)

1. a) essen **b)** bleiben, (er)warten **c)** endlich **d)** kommen **e)** niemals **f)** betrachten, anschauen, hinsehen **g)** heranführen, veranlassen **h)** sehen **i)** zuerst **j)** lehren, unterrichten **k)** warten (auf), erwarten **l)** lange (Zeit) **m)** bitten, fragen **n)** lachen, auslachen **o)** handeln, treiben, verhandeln **p)** immer **q)** bekräftigen, ermutigen, stärken **r)** am meisten, besonders **s)** weinen, beweinen **t)** stoßen, schlagen, (ver)treiben **u)** nennen, benennen, rufen **v)** deshalb **w)** trinken **x)** hören **y)** dort **z)** loben

2. a) gelb: venire, audire **b)** grün: cenare, spectare, exspectare, rogare, confirmare, flere, vocare, laudare **c)** heri – gestern / hic – hier / multum – viel / quidem – freilich, gewiss, wenigstens, zwar / vix – kaum, (nur) mit Mühe / statim – sofort / nunc – nun, jetzt / recte – richtig, zu Recht **d)** stare – Bild 4; sedere – Bild 3; ducere – Bild 2; trahere – Bild 1

3. crediderat – dedit; scivi – docueram; misimus – praebueramus; gesserunt – gesserant; petivistis – dederatis; portavisti – reliqueras; es kommen Perfekt und Plusquamperfekt vor; beim Perfekt werden an den Perfektstamm die Endungen -i-, -isti-, -it, -imus, -istis, -erunt angehängt; beim Plusquamperfekt werden an den Perfektstamm das Kennzeichen -era- und die Endungen -m, -s, -t, -mus, -tis, -nt angehängt.

4. a) placuit (3. Sg. Perf.): er, sie, es hat gefallen; er, sie, es gefiel → placere **b)** eduxerant (3. Pl. Plusqpf.): sie hatten herausgeführt → educere **c)** condidistis (2. Pl. Perf.): ihr habt gegründet, verborgen; ihr gründetet, verbargt → condere **d)** amiseramus (1. Pl. Plusqpf.): wir hatten aufgegeben, verloren → amittere **e)** muniverunt (3. Pl. Perf.): sie haben gebaut, befestigt, geschützt; sie bauten, befestigten, schützten → munire

5. a) audivisti: du hast gehört/hörtest **b)** verterat: er, sie, es hatte gedreht, gewendet **c)** dedimus: wir haben gegeben; wir gaben **d)** gesseratis: ihr hattet ausgeführt, geführt, getragen **e)** ceciderunt: sie haben gefällt, getötet; sie fällten, töteten **f)** exspectaveras: du hattest gewartet, erwartet **g)** risistis: ihr habt ausgelacht, gelacht; ihr lachtet aus, lachtet **h)** egeramus: wir hatten gehandelt, getrieben, verhandelt **i)** fecit: er, sie, es hat gemacht, getan, gehandelt; er, sie, es machte, tat, handelte **j)** crediderant: sie hatten geglaubt, anvertraut

LERNBLOCK 2 · LERNSTUFE 6 (Seite 16/17)

1. a) bis jetzt, noch **b)** erfreuen, unterhalten **c)** stehen bleiben, Halt machen, sich aufstellen **d)** wie, wie wenn, als ob **e)** besiegen, überwinden, übertreffen **f)** aufrichten, sich erheben, aufstehen **g)** schmerzen, weh tun, traurig sein über **h)** gewiss, sicherlich **i)** nicht wissen, nicht kennen, nicht verstehen **j)** herbeirufen, holen **k)** wohnen, bewohnen **l)** gerne **m)** sich bemühen, studieren **n)** gesund sein, stark sein, Einfluss haben **o)** sich anstrengen, kämpfen, eilen, behaupten **p)** schon, bereits, nun **q)** bauen, befestigen, schützen **r)** gewähren, leisten, zeigen **s)** erstens, zum ersten Mal **t)** antworten **u)** (aus)wählen **v)** bemerken **w)** also, deshalb **x)** zerstören, vernichten **y)** erwerben wollen, suchen, fragen **z)** allmählich

2. a) consistere, surgere, arcessere, contendere, deligere, animadvertere, quaerere **b)** Dominus servum quaerit: Der Herr sucht den Sklaven. Servus ex domino quaerit: Der Sklave fragt den Herrn.
c) a) dolui b) respondi c) surrexi d) contendi e) quaesivi f) delevi

3. clamabis, educetis, ero, amittemus, properabo, volet, comprehendam, laudabunt, poterit
Verben der a- und e-Konjugation bilden das Futur I so, dass zwischen Stamm und Endung das Tempuszeichen -b- tritt.

Bei den Verben der kons. Konjugation tritt beim Futur I ein -e- zwischen Stamm und Endung, in der 1. Person Singular allerdings ein -a-.

4. a) delebis: du wirst zerstören **b)** deligemus: wir werden (aus)wählen **c)** superabo: ich werde besiegen/überwinden/übertreffen **d)** praestabit: er, sie, es wird gewähren/leisten/zeigen **e)** muniam: ich werde bauen/befestigen/schützen **f)** studebunt: sie werden sich bemühen/studieren **g)** surgent: sie werden sich aufrichten/erheben/aufstehen **h)** gaudebimus: wir werden uns freuen **i)** senties: du wirst fühlen/meinen/wahrnehmen **j)** faciam: ich werde machen/tun/handeln

5. a) exercebis **b)** credo **c)** scient **d)** probabunt **e)** augeo **f)** contendunt **g)** munitis **h)** flebit **i)** surgam **j)** dabo

6. Reihe 1: volam: ich werde wollen; volo: ich will; volebam: ich wollte; volui: ich habe gewollt; volueram: ich hatte gewollt **Reihe 2:** volet: er wird wollen; vult: er will; volebat: er wollte; voluit: er hat gewollt; voluerat: er hatte gewollt

LERNBLOCK 2 · LERNSTUFE 7 (Seite 18/19)

1. a) fallen **b)** offen stehen **c)** nur **d)** lieben **e)** aufdecken, öffnen **f)** verwahren, verbergen, erbauen, gründen **g)** melden **h)** nachher, später **i)** anfüllen, auffüllen **j)** nur **k)** umherirren, (sich) irren **l)** schreiben, beschreiben **m)** (be)grüßen **n)** bewegen, beeindrucken **o)** sich sehnen nach, vermissen **p)** sagen, sprechen **q)** erzählen **r)** gehen, nachgeben, weichen **s)** (vor)bereiten, vorhaben, erwerben **t)** vergrößern, vermehren **u)** zweifeln, zögern **v)** oft **w)** drehen, quälen **x)** erlauben, nachgeben, zugestehen **y)** mahnen, ermahnen **z)** befreien, freilassen

2. a) gelb: patere, complere, movere, augere, torquere, monere **b)** grün: scribere – scripsi; dicere – dixi; cedere – cessi; augere – auxi; torquere – torsi; concedere – concessi **c)** gründen – condere; zugestehen – concedere; gehen – cedere; fallen – cadere; fällen – caedere; vorbereiten – parare; offen stehen – patere; gehorchen – parere **d)** liberal – liberare; parat – parare; Aperitif – aperire; Motiv – movere; Skript – scribere; irren – errare; Diktat – dicere; salutieren – salutare

3. a) ich vergrößerte: auge*ba*m **b)** sie kommen: veni*un*t **c)** wir hatten erzählt: narrav*era*mus **d)** ihr glaubt: cred*it*is **e)** du fasstest: capi*eb*as **f)** sie hatten geglaubt: cred*ide*rant **g)** du vergrößertest: au*x*isti **h)** ich werde erzählen: narra*bo* **i)** ihr fasstet: c*e*pisti*s* **j)** sie kamen: ven*er*unt

4. a) amavit → amat **b)** moveo → movi **c)** invenistis → invenitis **d)** dicunt → dixerunt **e)** scripsero → scribam **f)** violabant → violaverant **g)** moverant → movebant **h)** inveniebas → inveneras **i)** dixerat → dicebat **j)** scribetis → scripseritis

5. 1. Wie viele Geschichten erzählen, war Herkules ein tapferer Mann 2. Er war immer frei von Furcht, er freute sich sogar über Arbeiten. 3. Oft verteidigte er Menschen oder Städte vor (wilden) Tieren und befreite sie von Gefahren. 4. So leistete er dem König Eurystheus viele Dienste. 5. Nachdem er einen großen Löwen und die grausame Hydra getötet hatte, fand König Eurystheus sofort neue Aufgaben. 6. Daher reinigte Herkules zuerst den Stall des Königs Augias, der von ihm Hilfe erbeten hatte. 7. Dann tötete er sonderbare Vögel, die die Menschen erschreckt hatten, mit (seinen) Waffen. 8. Endlich zog er den Zerberus aus der Dunkelheit ans Licht und führte ihn zu Eurystheus. 9. Vorher hatte er freilich Diomedes, einen grausamen König, mit Tapferkeit und Verstand besiegt. 10. Er hatte nämlich bei sich gedacht: »Wenn seine Pferde Futter (gehabt) haben (werden), werden die Pferde keine Menschen mehr töten. 11. Daher werde ich den schändlichen König töten. 12. Der tote König wird das Futter der Pferde sein.«

a) narrant – narrare; fuit – esse; erat – esse; gaudebat – gaudere; defendebat – defendere; liberabat – liberare; praestitit – praestare; interfecit – interficere; invenit – invenire; petiverat – petere; purgavit – purgare; terruerant – terrere; occidit – occidere; traxit – trahere; duxit – ducere; vicerat – vincere; cogitaverat – cogitare; fuerit – esse; interficient – interficere; occidam – occidere; erit – esse **b)** grün: homines (3.), urbes (3.), multa officia (4.), magnum leonem (5.), Hydram crudelem (5.), negotia nova (5.), stabulum (6.), auxilium (6.), aves miras (7.), homines (7.), Cerberum (8.), lucem (8.), Eurystheum (8.), Diomedem, regem crudelem (9.), homines (10.), regem turpem (11.) **c)** rot: Augiae regis (6.), eius (10.), equorum (12.) **d)** zwölf

LERNBLOCK 3 · LERNSTUFE 8 (Seite 20/21)

1. a) ein anderer **b)** so **c)** dir **d)** dieser, diese, dieses; er, sie, es **e)** mehr **f)** wir; uns **g)** mein **h)** du **i)** (etwa) nicht **j)** euch **k)** sein; ihr **l)** ich **m)** aber, sondern **n)** sich **o)** dein **p)** Schau! Sieh da! Schaut! Seht da! **q)** euer **r)** als, wie **s)** alle (zusammen) **t)** sich **u)** mir **v)** mit sich, bei sich **w)** endlich **x)** unser **y)** so **z)** mit dir

2. a) grün: alius, tam, magis, nonne, sed, ecce, quam, cuncti, tandem, ita **b)** blau: tibi, nos, tu, vobis, ego, mihi, tecum; fehlende Formen: me, mecum, te, nobis, nobiscum, vos, vobiscum **c)** rot: se, sibi, secum

3.

	Singular			Plural		
	m	f	n	m	f	n
Nom.	is	ea	id	ii	eae	ea
Gen.	eius	eius	eius	eorum	earum	eorum
Dat.	ei	ei	ei	eis/iis	eis/iis	eis/iis
Akk.	eum	eam	id	eos	eas	ea
Abl.	eo	ea	eo	eis/iis	eis/iis	eis/iis

4.

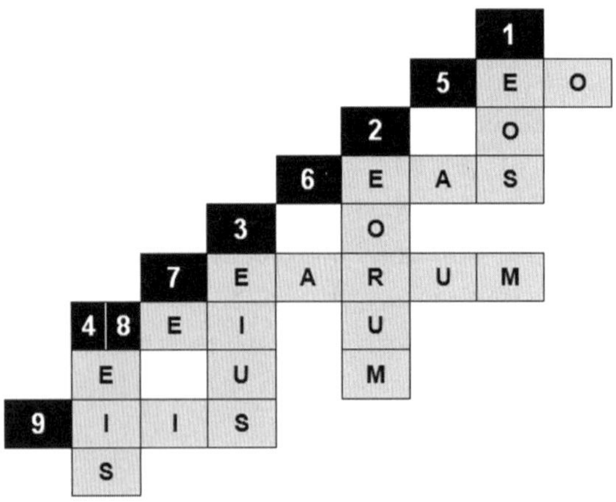

5. a) Sibi **b)** Mihi **c)** Ei **d)** Nobis **e)** Eis / Iis **f)** Sibi **g)** Vobis **h)** Ei

LERNBLOCK 3 · LERNSTUFE 9 (Seite 22/23)

1. a) und **b)** nämlich, denn **c)** als, wie **d)** denn, nämlich **e)** weil **f)** oder **g)** weder … noch **h)** nachdem, als **i)** auf welche Weise, wie **j)** deshalb **k)** noch nicht **l)** falls, wenn **m)** so **n)** auch wenn, obwohl **o)** wenn nicht **p)** auch, sogar **q)** aber, andererseits **r)** während, solange, bis **s)** obwohl **t)** sich **u)** nicht mehr **v)** und, auch **w)** weil, dass **x)** sowohl…als auch **y)** aber, sondern **z)** so

2. a) gelb: quia, postquam, si, etsi, nisi, dum, quamquam, quod **b)** tam – sic; sed – autem; nam – enim; quod – quia; etsi – quamquam; ut – quam; et – -que

c)

Nom.	Dat.	Akk.	Abl.
ego	mihi	me	mecum
tu	tibi	te	tecum
nos	nobis	nos	nobiscum
vos	vobis	vos	vobiscum

3.

	Singular			Plural		
	m	f	n	m	f	n
Nom.	qui	quae	quod	qui	quae	quae
Gen.	cuius	cuius	cuius	quorum	quarum	quorum
Dat.	cui	cui	cui	quibus	quibus	quibus
Akk.	quem	quam	quod	quos	quas	quae
Abl.	quo	qua	quo	quibus	quibus	quibus

4. temporal: tandem, tum, postquam, cum **kausal:** nam, quod, quia, enim **konditional:** si, nisi **konzessiv:** quamquam, etsi

5. a) qui. Äneas, der Troja verlassen hatte, war ein tapferer Mann. **b)** quem; cui oder cuius. Äneas, den Dido liebte, hatte einen Sohn, der den Namen Ascanius hatte (wörtlich: dem der Name Ascanius zu eigen war / dessen Name Ascanius war). **c)** cuius. Äneas, dessen Vater schon tot war, führte viele Gefährten mit sich. **d)** quem. Äneas gehorchte dem Gott Merkur, den Jupiter zu ihm geschickt hatte. **e)** quibus. Äneas führte die Gefährten, mit denen er viele Jahre lang Troja verteidigt hatte, endlich nach Italien.

LERNBLOCK 3 · LERNSTUFE 10 (Seite 24/25)

1. a) niemals **b)** anklagen, beschuldigen **c)** Stunde **d)** Mann **e)** mir **f)** eilen, sich beeilen **g)** glücklich, reich **h)** Berg **i)** Freund **j)** gut **k)** Dienst, Pflicht(gefühl) **l)** ausstatten, schmücken **m)** kaum, (nur) mit Mühe **n)** leben **o)** Beratung, Beschluss, Plan, Rat **p)** uns **q)** Sonne **r)** Sprache, Rede **s)** laut rufen, schreien **t)** ihr, euch **u)** mit dir **v)** bald **w)** obwohl **x)** betreten, eintreten **y)** Tod **z)** der erste

2. a) gelb: mihi, nobis, vos, tecum **b)** amico – amicus; morte – mors; monte – mons; entrare – intrare; chiamare – clamare; primo – primus; ora – hora; sole – sol **c)** Sie entwickelten sich scheinbar aus dem lateinischen Ablativ Singular. In Wirklichkeit entwickelten sie sich aus dem Akkusativ Singular, dessen auslautendes -m zunächst nicht mehr gesprochen und später auch nicht mehr geschrieben wurde.

3. Zeile 1: quam: Akk. Sg. (f) → quas (Akk. Pl. f) – eis: Dat. Pl. (m, f, n), Abl. Pl. (m, f, n) → ei (Dat. Sg. m, f, n), eo (Abl. Sg. m, n), ea (Abl. Sg. f) **Zeile 2:** vobis: Dat. Pl. → tibi (Dat. Sg.) – quorum: Gen. Pl. (m, n) → cuius (Gen. Sg. m, n) **Zeile 3:** mihi: Dat. Sg. → nobis (Dat. Pl.) – vos: Nom. Pl., Akk. Pl. → tu (Nom. Sg.), te (Akk. Sg.) **Zeile 4:** ii: Nom. Pl. (m) → is (Nom. Sg. m) – cui: Dat. Sg. (m, f, n) → quibus (Dat. Pl. m, f, n) – **Zeile 5:** eius: Gen. Sg. (m, f, n) → eorum (Gen. Pl. m, n), earum (Gen. Pl. f) – quos: Akk. Pl. (m) → quem (Akk. Sg. m) **Zeile 6:** eos: Akk. Pl. (m) → eum (Akk. Sg. m) – cuius: Gen. Sg. (m, f, n) → quorum (Gen. Pl. m, n), quarum (Gen. Pl. f) **Zeile 7:** tibi: Dat. Sg. → vobis (Dat. Pl.) – nos: Nom. Pl., Akk. Pl. → ego (Nom. Sg.), me (Akk. Sg.) **Zeile 8:** quod: Nom. Sg. (n),

Akk. Sg. (n) → quae (Nom. Pl. n, Akk. Pl. n) – qua: Abl. Sg. (f) → quibus (Abl. Pl. f) **Zeile 9:** eam: Akk. Sg. (f) → eas (Akk. Pl. f) – earum: Gen. Pl. (f) → eius (Gen. Sg. f) **Zeile 10:** id: Nom. Sg. (n), Akk. Sg. (n) → ea (Nom. Pl. n, Akk. Pl. n) – te: Akk. Sg. → vos (Akk. Pl.)

4. a) Die Griechen, die sich in einem Pferd verborgen hatten, zerstörten alle Gebäude Trojas. **b)** Daher musste Äneas die Heimat, die er lange verteidigt hatte, verlassen. **c)** Auf dieser Flucht verlor er Krëusa, seine liebe Ehefrau, deren Schicksal wir nicht kennen. **d)** Seinen Vater und seinen Sohn aber rettete er aus der Gefahr. **e)** Nach dem Tod des Vaters kam Äneas mit seinem Sohn und den Gefährten zu Dido, die gut für sie sorgte. **f)** Obwohl Dido wollte, dass Äneas bei ihr blieb, gehorchte er dennoch dem Befehl, den die Götter (ihm) gegeben hatten, und eilte nach Italien. **g)** Dort führte er viele und heftige Kriege mit seinen neuen Feinden. **h)** Deren Befehlshaber war Turnus, von dem ihr schon gehört habt.

LERNBLOCK 4 · LERNSTUFE 11 (Seite 26/27)

1. a) meinen, einschätzen **b)** was? **c)** glauben, meinen **d)** warum? **e)** beweisen, darlegen **f)** können **g)** es ist bekannt, es steht fest **h)** sagen, sprechen **i)** woher? **j)** (etwa) nicht? **k)** hören **l)** bemerken **m)** wer? **n)** wann? **o)** erschaffen, wählen **p)** wo? **q)** sich anstrengen, kämpfen; eilen; behaupten **r)** es ist erlaubt, es ist möglich **s)** müssen, sollen **t)** erwarten, hoffen **u)** wem? **v)** denken, beabsichtigen **w)** wissen, kennen, verstehen **x)** warum nicht? **y)** es gehört sich, es ist nötig **z)** fühlen, meinen, wahrnehmen

2. a) gelb: existimare, putare, demonstrare, constat, dicere, audire, animadvertere, contendere, sperare, cogitare, oportet, sentire **b)** audio-visuell: von audire: hören und videre: sehen, bezeichnet etwas, das man hören und sehen kann, z.B. einen Fernsehfilm; Konstante: von constat: es steht fest, bezeichnet einen festen, unveränderlichen Wert; Lizenz: von licet: es ist erlaubt, bezeichnet eine Erlaubnis; Kreation: von creare: erschaffen, bezeichnet eine Schöpfung bzw. etwas Erschaffenes; potentiell: von posse: können; ist ein Adjektiv und bezeichnet etwas, das sein kann oder möglich ist

3. a) Constat Romulum urbem condidisse. **b)** Audivisti eum mulieres in urbem arcessere. **c)** Romulus sciebat se fratrem interfecisse. **d)** Audivistis Didonem Aeneam amare. **e)** Dido sensit eum se relinquere velle. **f)** Aeneas scivit: Oportet me imperio deorum parere.

4. 1. Livius erzählt, dass Romulus und Remus Brüder waren. **2.** Diese hatten im Sinn, eine neue Stadt zu gründen, aber zuerst fanden sie keinen Platz, der beiden gefiel. **3.** Aber nachdem sie einen geeigneten Platz gefunden hatten, hatten sie einen Streit über die Herrschaft. **4.** Deshalb fassten sie den Plan, Hilfe von den Göttern zu erbitten/erstreben. **5.** Es steht fest, dass die Götter den Brüdern verschiedene Zeichen gegeben haben. **6.** Remus sagte, dass die Götter zuerst ihm gute Zeichen geschickt hatten.
7. Deshalb schrien seine Gefährten: »Es gehört sich, dass Remus der König der neuen Stadt ist.«
8. Romulus aber behauptete, dass die Zeichen, die ihm die Götter gegeben hatten, mehr Gewicht (Einfluss) hatten. **9.** Deshalb zögerte er nicht, die Mauer seiner Stadt zu bauen. **10.** Weil Remus diese Mauer mit lauter Stimme auslachte, kämpfte Romulus mit seinem Bruder. **11.** Gewiss wisst ihr, dass in diesem Kampf Remus gefallen ist.

a) gelb: narrat, constat, dixit, oportet, contendit, scitis **b)** grün: 1. Romulum et Remum fratres … fuisse; 5. deos … dedisse; 6. deos … misisse; 7. Remum regem … esse; 8. signa … valere; 11. Remum … cecidisse

LERNBLOCK 5 · LERNSTUFE 12 (Seite 28) – CAMPUS B

1. a) Begleiter(in), Gefährte/Gefährtin **b)** bewachen, im Auge behalten **c)** beobachten **d)** Seufzen, Traurigkeit **e)** betreffen, gehören (zu), sich erstrecken (bis) **f)** Ehemann **g)** Erwartung, Hoffnung **h)** Gesicht, Gesichtsausdruck; *Pl.:* Gesichtszüge **i)** Sache, Ursache, Grund; Prozess **j)** Tag **k)** Hafen **l)** Verderben, Vernichtung

2. a) maritus **b)** spes, dies, pernicies **c)** res adversae – Unglück; res futurae – Zukunft; res secundae – Glück; res publica – Staat

3.

	e-Deklination		u-Deklination	
	Singular	Plural	Singular	Plural
Nom.	r-es	r-es	gemit-us	gemit-us
Gen.	r-ei	r-erum	gemit-us	gemit-uum
Dat.	r-ei	r-ebus	gemit-ui	gemit-ibus
Akk.	r-em	r-es	gemit-um	gemit-us
Abl.	r-e	r-ebus	gemit-u	gemit-ibus

4. a) manus → manui → manibus → manus **b)** dies → die → diei → dierum

LERNBLOCK 5 · LERNSTUFE 12 (Seite 29) – CAMPUS C

1. a) übergehen, vorbeigehen (an) **b)** herantreten (an), bitten, aufsuchen **c)** hineingehen (in), beginnen **d)** herausgehen **e)** hören **f)** weggehen

2. a) von links nach rechts: exire, abire, praeterire, adire, inire **b)** ire, eo, ii

3. a) 1a; 2h; 3c; 4i; 5b; 6f; 7d; 8e; 9g **b)** 1. adieram: ich war herangetreten; hatte gebeten, aufgesucht 2. adite: Geht heran! Sucht auf! Bittet! 3. exisse: herausgegangen zu sein 4. itis: ihr geht 5. isti: du bist gegangen 6. adeunt: sie treten heran, bitten, suchen auf 7. exibitis: ihr werdet herausgehen 8. abi: Geh weg! 9. inierimus: wir werden hineingegangen sein, werden begonnen haben

4.a)

			8					9
	1	I	I	T		10		E
	11		B		2	I	B	O
3	I	B	I	M	U	S		12
	B		S	13		T		I
	U			I	4	I	T	E
	N	5	I	B	A	S		R
	T		14	A		6	I	I
		7	I	T	I	S		S

b) 1 iit: er, sie, es ging/ist gegangen **2** ibo: ich werde gehen **3** ibimus: wir werden gehen **4** ite: Geht! **5** ibas: du gingst **6** ii: ich ging, bin gegangen **7** itis: ihr geht **8** ibis: du wirst gehen **9** eo: ich gehe **10** istis: ihr seid gegangen **11** ibunt: sie werden gehen **12** ieris: du wirst gegangen sein **13** ibat: er, sie, es ging **14** i: Geh!

ABSCHLUSSTEST (Seite 30/31)

1. (Je ½ BE) **a)** Befehl, Herrschaft, Reich **b)** lange (Zeit) **c)** grausam **d)** Bürger **e)** fassen, nehmen, erobern **f)** glauben, meinen **g)** ohne **h)** Heimat **i)** leben **j)** Furcht, Angst

2. (Je ½ BE) 1d 2f 3b 4a 5c 6e

3. (Je 1 BE) **a)** libertatis **b)** fugam **c)** eae **d)** signa **e)** vocibus **f)** sonos

4. (Je ½ BE) 1e 2f 3a 4c 5b 6d

5. (Je 1 BE) **a)** 1. Sg. Plusqpf. **b)** 3. Pl. Impf. **c)** 3. Sg. Perf. **d)** 2. Sg. Perf. **e)** 1. Pl. Fut. I **f)** 3. Sg. Präs.

6. (Je 1 BE) **a)** qui **b)** quibus

7. (Je 2 BE) a2; b4

8. (Je Fehler 1 BE Abzug) **a)** Herkules vollbrachte (machte) viele tapfere Taten. **b)** Alle Aufgaben, die ihm König Eurystheus gegeben hatte, führte er gut aus. **c)** Große Gefahren überwand er mit Tapferkeit und Verstand, niemals gab er die Hoffnung auf Rettung auf. **d)** Deshalb glaubten die Griechen und Römer, dass Herkules nicht nur ein tapferer Mann, sondern der Sohn von Jupiter (gewesen) war.

9. a) Remus hat über Romulus' Mauer gelacht. (1 BE) **b)** Äneas hat von den Göttern den Befehl bekommen, weiterzureisen und eine neue Stadt zu gründen. (1 BE)

Liebe Schülerin, lieber Schüler,

vor dir liegt ein **Wiederholungsheft**, mit dem du in den Ferien den Lernstoff des ersten Lateinjahres wiederholen kannst. In **fünf Lernblöcken** werden wichtige Grammatikstoffe nochmals systematisch geübt. Jeder Lernblock ist in mehrere **Lernstufen** unterteilt. Du findest insgesamt zwölf Lernstufen. Jeder Lernstufe entspricht eine **Doppelseite** zu einem Grammatikthema, die sich normalerweise in weniger als einer halben Stunde bearbeiten lässt. Wenn du täglich eine Doppelseite bearbeitest, hast du schnell den ganzen Stoff wiederholt.

Bevor du aber mit der Arbeit beginnst, hier ein paar Tipps:

Du musst nicht unbedingt alle Übungen bearbeiten. Denn die Übungen sind so gestaltet, dass du entsprechend deinem individuellen Leistungsstand mit auf dich zugeschnittenen Aufgaben arbeiten kannst. Der **Einstufungstest** auf der ersten Doppelseite zeigt dir, zu welcher Leistungsgruppe du gehörst: Die **Adler** sind diejenigen, die in Latein sehr fit sind und nur wenig wiederholen müssen. Die **Tauben** müssen etwas mehr machen und die **Spatzen** sind die, die die meiste Übung benötigen. Welcher Vogel bist du? Der Einstufungstest zeigt es dir.

Wenn du keine Zeit hast für den Test, kannst du dich auch nach deiner Lateinzeugnisnote richten: Hast du die Note 1, bist du ein Adler, Tauben haben die Note 2 oder 3 und mit Note 4 oder 5 bist du ein Spatz. Selbstverständlich ist auch jeder Adler und jede Taube zu jeder der Übungen eingeladen.

Am Ende des Heftes erfährst du in einem **Abschlusstest**, ob du dich von einem Spatz zu einer Taube oder sogar zu einem Adler gemausert hast.

Die Lösungen zu den Aufgaben findest du im beiliegenden **Lösungsheft**. Aber nicht schummeln! Vielleicht willst du dieses Lösungsheft auch deinen Eltern geben, damit du eine zuverlässige Kontrolle hast. Dies hätte noch einen weiteren Vorteil: Für jede bearbeitete Übung kannst du **Bonuspunkte** sammeln[1]. Schließe doch mit deinen Eltern einen Vertrag und kassiere Prämien für eine bestimmte Anzahl an Bonuspunkten – beispielsweise einen Kinobesuch für 250 Bonuspunkte. Möglichst viele Übungen zu machen kann sich so durchaus lohnen. Deine Eltern müssen dann natürlich mit dem Lösungsheft überprüfen, ob du die Übungen ordentlich gemacht hast. Um Bonuspunkte zu erhalten, müssen die Übungen zwar nicht fehlerfrei sein. Aber verbessern solltest du deine Fehler auf jeden Fall. Denn nur so lernst du richtig.

Viel Spaß mit dem Wiederholungsheft und – schöne Ferien!

1 vgl. die Übersicht dazu auf S. 32

Bist du ein Adler, eine Taube oder ein Spatz?

Hier kannst du testen, wie fit du in Latein bist. Je nachdem, wie gut du abschneidest, bist du ein Adler, eine Taube oder ein Spatz. Und entsprechend deiner Gestalt erwarten dich verschiedene Aufgaben in diesem Heft. Bearbeite die Aufgaben und vergleiche deine Antworten mit den Lösungen im Lösungsheft. Dort siehst du, wie viele Punkte du für jede richtige Antwort erhältst. Zähle die jeweils erreichten Punkte zusammen und ermittle danach mit der Bewertungstabelle am Ende des Einstufungstests, ob du ein Adler, eine Taube oder ein Spatz bist.

1. Wort für Wort. 5 BE

Gib für die folgenden Vokabeln mindestens eine richtige Bedeutung an.
Die Zahl in Klammern sagt dir, wie viele Bedeutungen du gelernt hast.

a) omittere (2)		f) vertere (2)	
b) quamquam (1)		g) apud (1)	
c) inanis (2)		h) caelum (1)	
d) opportunus (2)		i) latere (1)	
e) augere (2)		j) potestas (2)	

2. Ordne richtig zu. 3 BE

1) gloria	2) montes	3) furem	4) facta	5) viris	6) verborum
a) omnia	b) malum	c) fortibus	d) inani	e) acrium	f) altos

3. Bilde die angegebenen Formen. 6 BE

a) Gen. Sg. von virtus ....

b) Akk. Sg. von terra ....

c) Nom. Pl. von id ....

d) Akk. Pl. von ingenium ....

e) Dat. Pl. von lux ....

f) Akk. Pl. von oculus ....

4. Ordne gleiche Tempora einander zu. 3 BE

1) spectaveram	2) probo	3) descenderunt	4) quaerebas	5) gessero	6) vivent
a) curavisti	b) reliqueris	c) nesciebamus	d) carebunt	e) feceramus	f) estis

5. Bestimme Person, Numerus und Tempus. 6 BE

a) condidisti ....

b) mittemus ....

c) ornabant ....

d) vis ....

e) aperueram ....

f) licuit ....

6. Füge das Relativpronomen korrekt ein. **2 BE**

a) Homines oppidum, ... Vesuvius mons delevit, reliquerunt.
(Die Menschen verließen die Stadt, *die* der Berg Vesuv zerstörte.)

b) Romulus, ... frater Remus erat, urbem Romam condidit.
(Romulus, *dessen* Bruder Remus war, gründete die Stadt Rom.)

7. Wähle die richtige Übersetzung aus. **4 BE**

a) Romani dicunt deos sibi semper adesse.
1) Die Römer sagen, dass sie immer für die Götter da sind.
2) Die Römer sagten, dass die Götter ihnen immer geholfen haben.
3) Die Römer sagen, dass die Götter ihnen immer helfen.
4) Die Römer sagen, dass die Götter ihnen immer geholfen haben.

b) Hercules credidit se leonem vincere posse.
1) Herkules glaubte, dass er (d. h. Herkules) den Löwen besiegen wird.
2) Herkules glaubte, dass er (d. h. Herkules) den Löwen besiegen konnte.
3) Herkules glaubt, dass er (d. h. Herkules) den Löwen besiegen kann.
4) Herkules glaubte, dass der Löwe sich besiegen konnte.

8. Übersetze. **9 BE**

a) Hercules, quem bene scis, in pericula varia venerat. b) Quia ea omnia superaverat, Graeci putabant eum virum fortem filium Iovis fuisse. c) Itaque post mortem eius narrabant Iovem eum in caelum, de quo ad terram descenderat, re-duxisse.

....

....

....

....

9. Beantworte in kurzen Sätzen. **2 BE**

a) Herkules musste zwölf Aufgaben bewältigen. Nenne zwei davon.

....

b) Wie hieß die Königin, die Äneas und seine Gefährten aufnahm? Und wie hieß die Stadt dieser Königin?

....

BE	40–32	31–19	18–0
Bewertung			

Auf den folgenden Seiten wird dir das Vogelsymbol am Rand einer jeden Übung zeigen, welche Aufgaben für dich bestimmt sind.

20

1. Vokabeln sind das A und O

Kennst du noch die deutsche Bedeutung der folgenden Substantive und Adjektive der a- und o-Deklination?
Gib mindestens eine richtige Bedeutung an: Die Zahl in Klammern zeigt dir, wie viele Bedeutungen du gelernt hast.

a) audacia (2)		n) populus (1)	
b) arma (2)		o) consilium (4)	
c) stultus (1)		p) cibus (3)	
d) liberi (1)		q) tenebrae (2)	
e) ventus (1)		r) beatus (2)	
f) fortuna (2)		s) altus (2)	
g) miser (3)		t) annus (1)	
h) bellum (1)		u) negotium (3)	
i) mirus (2)		v) beneficium (1)	
j) dolus (2)		w) reliquiae (3)	
k) plenus (1)		x) cuncti (1)	
l) laetitia (1)		y) vir (1)	
m) ingenium (3)		z) nuntius (2)	

10

2. Gesucht und gefunden

a) Manche Wörter gibt es nur in der Pluralform. Markiere in der Tabelle zu Aufg. 1 alle fünf Pluralwörter gelb.
b) Außerdem haben sich in der Tabelle zu Aufg. 1 sieben Adjektive versteckt. Markiere sie grün.
c) Unterstreiche die fünf Wörter, für die es auch eine weibliche Form gibt, und schreibe diese in die Zeile darunter.

servus – annus – vicus – amicus – vir – murus – puer – dominus – maritus – filius – liberi

....

d) Verbinde die Wörter mit dem passenden Bild.

gladius	oculus	pecunia	frumentum	monstrum
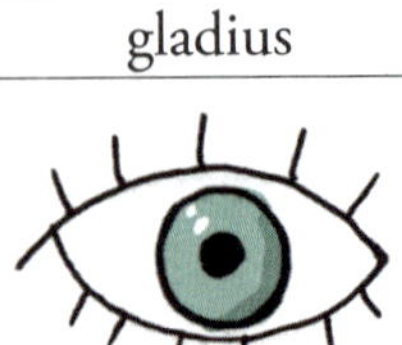				

3. Jede Klasse ist anders

15

Ergänze die Endungen der folgenden Substantive der a- und o-Deklination. Was fällt dir auf?

	a-Deklination		o-Deklination (Maskulinum)		o-Deklination (Neutrum)	
	Singular	Plural	Singular	Plural	Singular	Plural
Nominativ	fabul-a	fabul-	cib-us	cib-	don-um	don-
Genitiv	fabul-	fabul-	cib-	cib-	don-	don-
Dativ	fabul-	fabul-	cib-	cib-	don-	don-
Akkusativ	fabul-	fabul-	cib-	cib-	don-	don-
Ablativ	fabul-	fabul-	cib-	cib-	don-	don-

4. Ordnung muss sein

15

Ordne die Wörter dem richtigen Kessel zu.
Aber Vorsicht: Verbrenne dir nicht die Finger! Bilde deshalb vorsichtshalber zuerst den Nominativ Singular!
vinum – fluvium – lacrimis – loco – orarum – carros – caeli – naturae – signa – sonorum – fugam – pretiis

5. Endung gesucht

15

Bestimme Kasus, Numerus und Genus (KNG) der Substantive und ergänze dann die Adjektivendungen.

	KNG		KNG
a) tant… auxilium (2)		d) magn… agris (2)	
b) equi nigr… (2)		e) portae antiqu… (3)	
c) aquam clar…		f) in summ… periculo	

6. Formenstaffel

20

Verwandle entsprechend der Vorgaben und übersetze:

a) summus murus → Pl. → Dat. → Akk.

die höchste Mauer →

b) parva silva → Gen. → Pl. → Abl.

der kleine Wald →

1. Auf 1 und 2 folgt 3

Heute sind Substantive und Adjektive der 3. Deklination sowie Präpositionen an der Reihe. Gib mindestens eine richtige Bedeutung an. Die Zahl in Klammern sagt dir, wie viele Bedeutungen du gelernt hast.

a) dolor (1)		n) celer (1)	
b) communis (2)		o) libertas (1)	
c) fons (2)		p) de (5)	
d) salus (4)		q) aestas (1)	
e) iuvenis (2)		r) fortis (2)	
f) lux (2)		s) apud (1)	
g) turpis (3)		t) mercator (2)	
h) miles (1)		u) hostis (1)	
i) e/ex (2)		v) pater (1)	
j) omnis (2)		w) labor (2)	
k) pars (2)		x) rex (1)	
l) propter (1)		y) timor (2)	
m) uxor (1)		z) sine (1)	

2. Gesucht und gefunden

a) Eines der Wörter in der Tabelle zu Aufg. 1 kann sowohl Adjektiv als auch Substantiv sein. Markiere es gelb.
b) Außerdem sind in der Tabelle zu Aufg. 1 fünf weitere Adjektive versteckt. Markiere sie grün.
c) Unter die Substantive und Adjektive haben sich auch fünf Präpositionen geschmuggelt. Markiere sie blau.
d) Jeweils zwei der folgenden Wörter passen zusammen. Verbinde sie.

pater	clamor
lux	honor
frater	bellum
imperator	post
miles	mater
vox	populus
victor	soror
ante	nox

15

3. Wie machst du dich in der 3. Klasse?

Ergänze die Endungen der folgenden Substantive der 3. Deklination. Was fällt dir auf?

	amor		natio		nox	
	Singular	Plural	Singular	Plural	Singular	Plural
Nominativ	amor	amor-	natio	nation-	nox	noct-
Genitiv	amor-	amor-	nation-	nation-	noct-	noct-
Dativ	amor-	amor-	nation-	nation-	noct-	noct-
Akkusativ	amor-	amor-	nation-	nation-	noct-	noct-
Ablativ	amor-	amor-	nation-	nation-	noct-	noct-

15

4. Akkusativ oder Ablativ?

Welcher Kasus steht im Lateinischen nach den folgenden Präpositionen?

cum – per – sine – ad – a/ab – sub (!) – ante – post – propter – in (!) – de – e/ex – apud

20

5. Dolmetscher gesucht

a) vor dem grausamen Löwen:	.... leon......	crudel......
b) über eine traurige Liebe:	.... amor......	trist......
c) nach dem gemeinsamen Tod:	.... mort......	commun......
d) mit energischen Soldaten:	.... milit......	acr......
e) durch die ganze Menge hindurch:	.... omn......	multitudin......

20

6. Säulenverbindung

Verbinde jeden Ausdruck mit der richtigen Kasus- und Numerusbestimmung und der richtigen Übersetzung.

hominis fortis	dem tapferen Menschen
homo fortis	der tapferen Menschen
hominibus fortibus	des tapferen Menschen
hominum fortium	den tapferen Menschen
homines fortes	die tapferen Menschen
homini forti	der tapfere Mensch

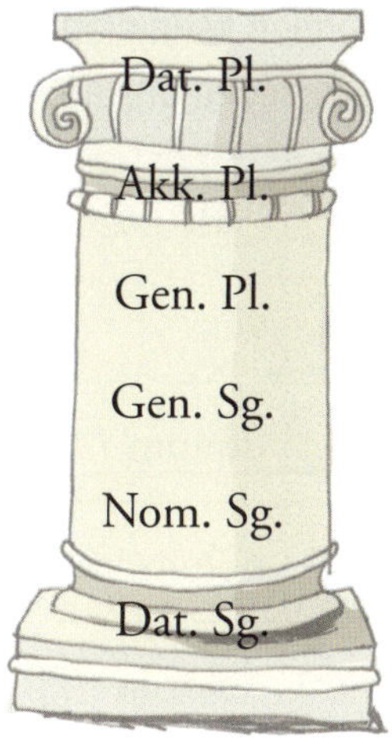

Bilde nun die noch fehlenden Kasus.

....

20

1. Feinschliff

Gib für die folgenden Vokabeln mindestens eine richtige Bedeutung an.
Die Zahl in Klammern sagt dir, wie viele Bedeutungen du gelernt hast.

a) ad (4)		n) pretium (2)	
b) civitas (2)		o) opportunus (2)	
c) inanis (2)		p) studium (3)	
d) multus (1)		q) regio (3)	
e) factum (3)		r) crudelis (1)	
f) animus (3)		s) ante (1)	
g) gratia (1)		t) homo (1)	
h) post (2)		u) fur (1)	
i) tristis (2)		v) ora (1)	
j) sub (1)		w) periculum (1)	
k) potestas (2)		x) tantus (2)	
l) altus (2)		y) caelum (1)	
m) venia (3)		z) dulcis (2)	

10

2. Gesucht und gefunden

Vorsicht, Verwechslungsgefahr: Die folgenden Substantivformen kann man leicht verwechseln. Lass dich nicht beirren, führe sie auf den korrekten Nom. Sg. zurück und gib dessen Bedeutung an.

vinea		loci	
venia		voci	
vina		donum	
ludi		dolum	
luci		dolorum (2!)	

3. Feldarbeit

25

Bestimme zunächst den Kasus und Numerus einer jeden Form. Verwandle sie danach in die entsprechende(n) Form(en) im Singular bzw. Plural. Die Zahl in der Klammer hinter dem Wort zeigt dir, wie viele verschiedene Lösungen es jeweils gibt.

bella (2)		equos (1)	
noctium (1)		honori (1)	
fines (2)		partibus (2)	
regem (1)		monte (1)	
patriis (2)		filium (1)	
virtutis (1)		voci (1)	
vento (2)		iuvenis (2)	
officia (2)		terrae (3)	
leonum (1)		hostis (2)	
vicos (1)		pueris (2)	

4. Tohuwabohu in Pompeji!

30

Jetzt zeigt sich, ob du fleißig geübt hast. Übersetze den folgenden Text schriftlich auf einem Blatt.
Beantworte danach die Fragen.

1. Vesuvius homines timore complet. 2. Omnis familia – vir, uxor, liberi, etiam servi – in vias properat et ad montem spectat. 3. Serva magna voce clamat: »Nimbus (*Wolke*) niger e monte surgit. Quam magnus est!« 4. Una e puellis flet: »Tecta nostra statim relinquere debemus!« 5. Dum puella flet, subito lux solis latet; iam tenebrae omnes Pompeianos terrent. 6. Parvus puer dicit: »Certe sub tecto templi tuti sumus!« 7. Tamen familia in oppido non manet, sed fuga salute

a) Unterstreiche alle Prädikate doppelt.
b) Kreise alle Subjekte ein.
c) Unterstreiche alle Akkusative gelb.
d) Unterstreiche alle Ablative grün.
e) Unterstreiche alle Genitive rot.
f) Nenne das Jahr, in dem der Vesuv ausbrach.

20

1. Verben, Verben, Verben ...

Nun werden die Verben aller Konjugationen und die Adverbien wiederholt. Gib für die folgenden Vokabeln mindestens eine richtige Bedeutung an. Die Zahl in Klammern sagt dir, wie viele Bedeutungen du gelernt hast.

a) nondum (1)		n) aspicere (2)	
b) descendere (1)		o) iterum (2)	
c) capere (3)		p) temptare (3)	
d) curare (2)		q) antea (2)	
e) petere (4)		r) convenire (3)	
f) carere (3)		s) caedere (2)	
g) vertere (2)		t) repellere (3)	
h) profecto (2)		u) terrere (1)	
i) invenire (2)		v) indicare (2)	
j) occupare (2)		w) mittere (3)	
k) facere (3)		x) interficere (2)	
l) subito (1)		y) tacere (2)	
m) occidere (5)		z) accipere (2)	

10

2. Gesucht und gefunden

a) Markiere die drei Wörter, die *töten* bedeuten, gelb.
b) Zwei Wörter in der Tabelle zu Aufg. 1 sind Komposita von *venire*. Markiere sie grün.
c) Markiere die fünf Verben der kons. Konjugation, die die 1. Person Singular Präsens auf *-io* bilden, blau.
d) Markiere die drei Verben, die zur e-Konjugation gehören, rot.
e) Verbinde die Wörter, die (ungefähr) dasselbe bedeuten.

ita	defendere
tenere	portare
putare	habere
gerere	praebere
prohibere	sic
dare	credere

3. Verbsäulen

Im Lateinischen unterscheidet man vier Konjugationsklassen. Ordne die folgenden Verbformen zu.
Tipp: Führe zunächst jede Verbform auf den Infinitiv Präsens zurück.

paramus – sentio – educis – patent – veniunt – concedis – deleo – clamatis – narro – exerces – munimus – arcessitis

a-Konjugation	e-Konjugation	i-Konjugation	kons. Konjugation

4. Formenstaffel

Verwandle den Vorgaben entsprechend und übersetze.

a) relinquo → 3. Pers. Sg. .... → Impf. .... → 2. Pers. Pl. ....

ich verlasse ....

b) timent → Impf. .... → 2. Pers. Sg. .... → Präs. ....

....

c) probabas → Präs. .... → 1. Pers. Sg. .... → 3. Pers. Pl. ....

....

d) scimus → 3. Pers. Pl. .... → Impf. .... → 1. Pers. Sg. ....

....

e) capiebant → 1. Pers. Pl. .... → Präs. .... → 3. Pers. Pl. ....

....

5. Kann das sein?

Bilde zu den angegebenen Verbformen die entsprechenden Formen von *esse* bzw. *posse*.

a) sunt → ....

b) potest → ....

c) eramus → ....

d) potestis → ....

e) es → ....

f) poteras → ....

1. Ohne Verben geht's nicht.

Heute werden weitere Verben und Adverbien wiederholt. Gib für die folgenden Vokabeln mindestens eine richtige Bedeutung an. Die Zahl in Klammern sagt dir, wie viele Bedeutungen du gelernt hast.

a) cenare (1)		n) ridere (2)	
b) manere (2)		o) agere (3)	
c) tandem (1)		p) semper (1)	
d) venire (1)		q) confirmare (3)	
e) numquam (1)		r) maxime (2)	
f) spectare (3)		s) flere (2)	
g) adducere (2)		t) pellere (3)	
h) videre (1)		u) vocare (3)	
i) primo (1)		v) itaque (1)	
j) docere (2)		w) bibere (1)	
k) exspectare (2)		x) audire (1)	
l) diu (1)		y) ibi (1)	
m) rogare (2)		z) laudare (1)	

2. Gesucht und gefunden

a) Markiere in der Tabelle zu Aufg. 1 die zwei Verben, die zur i-Konjugation gehören, gelb.
b) Markiere in der Tabelle zu Aufg. 1 die acht Verben, die ein v-Perfekt bilden, grün.
c) Übersetze die folgenden Adverbien mündlich und unterstreiche diejenigen, die eine Zeitangabe darstellen.
heri – hic – multum – quidem – vix – statim – nunc – recte
d) Verbinde die Verben mit dem passenden Bild.

stare	sedere	ducere	trahere
			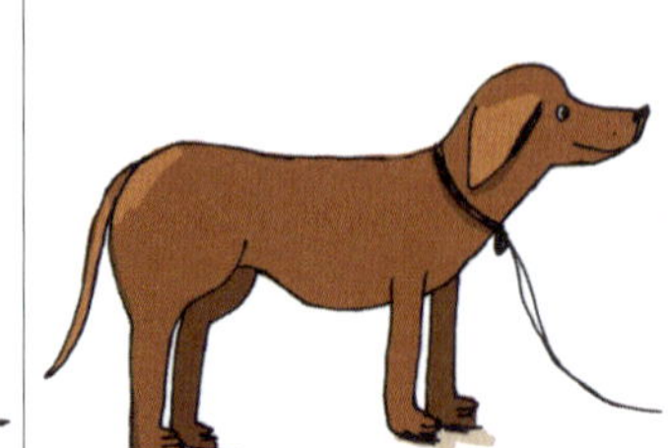

3. Tempusmemory

15

Jeweils zwei der folgenden Verbformen entsprechen sich in Person und Numerus.
Kennzeichne sie, indem du sie in derselben Farbe unterstreichst.

crediderat	gesserunt	dederatis	reliqueras
scivi	petivistis	portavisti	praebueramus
misimus	dedit	docueram	gesserant

Welche beiden Tempora kommen vor? Woran kannst du sie unterscheiden?

4. Zurück zum Ursprung

20

Im Lateinischen werden Perfekt und Plusquamperfekt mit dem Perfektstamm gebildet. Bestimme jeweils Person, Numerus und Tempus, übersetze die Form und gib in der letzten Spalte den Infinitiv Präsens des Verbs an.

Bsp.: vocaveram	1. Pers. Sg. Plusqpf.	ich hatte gerufen	vocare
a) placuit			
b) eduxerant			
c) condidistis			
d) amiseramus			
e) muniverunt			

5. Tempusarchitekt

20

Verwandle jede Präsensform in die entsprechende Perfektform und jede Imperfektform in die entsprechende Plusquamperfektform. Übersetze dann alle neu gebildeten Formen.

a) audis			f) exspectabas		
b) vertebat			g) ridetis		
c) damus			h) agebamus		
d) gerebatis			i) facit		
e) caedunt			j) credebant		

20

1. Keine Sprache ohne Wörter

Gib für die folgenden Vokabeln mindestens eine richtige Bedeutung an.
Die Zahl in Klammern sagt dir, wie viele Bedeutungen du gelernt hast.

a) adhuc (2)		n) valere (3)	
b) delectare (2)		o) contendere (4)	
c) consistere (3)		p) iam (3)	
d) tamquam (3)		q) munire (3)	
e) superare (3)		r) praestare (3)	
f) surgere (3)		s) primum (2)	
g) dolere (3)		t) respondere (1)	
h) certe (2)		u) deligere (1)	
i) nescire (3)		v) animadvertere (1)	
j) arcessere (2)		w) ergo (2)	
k) habitare (2)		x) delere (2)	
l) libenter (1)		y) quaerere (3)	
m) studere (2)		z) paulatim (1)	

10

2. Gesucht und gefunden

a) Markiere in der Tabelle zu Aufg. 1 die sieben Verben, die zur kons. Konjugation gehören.
b) Übersetze die folgenden Ausdrücke und achte dabei genau auf die Bedeutung des Verbs.

Dominus servum quaerit. ....

Servus e domino quaerit. ....

c) Gib zu den folgenden Verben die 1. Person Singular Perfekt an.

a) dolere		d) contendere	
b) respondere		e) quaerere	
c) surgere		f) delere	

15

3. Blick auf die Zukunft

Markiere alle Futurformen.
clamabis – educetis – ero – placent – amittemus – properabo – probo – volet – exercetis – scribunt – comprehendam – laudabunt – poterit – potuerunt

Was fällt dir auf? Welche Verben bilden welche Art von Futur?

15

4. Lückenhafte Zukunft

Vervollständige die Futurformen und übersetze. Achte dabei auf die Art der Futurbildung.

a) dele□□s		f) stude□□nt	
b) delig□mus		g) surg□nt	
c) supera□o		h) gaude□□mus	
d) praesta□□t		i) senti□s	
e) muni□m		j) faci□m	

15

5. Zurück in die Zukunft

Verwandle Präsens in Futur I und umgekehrt.

a) exerces		f) contendent	
b) credam		g) munietis	
c) sciunt		h) flet	
d) probant		i) surgo	
e) augebo		j) do	

10

6. *Velle* will ein Zuhause

Ordne die Formen von *velle* ihren Übersetzungen zu. Bilde die fehlenden Formen selbst.

vult – volui – volebam – voluerat – volam

.... ich werde wollen	.... ich will	.... ich wollte	.... ich habe gewollt	.... ich hatte gewollt
.... er wird wollen	.... er will	.... er wollte	.... er hat gewollt	.... er hatte gewollt

20

1. Endspurt bei den Verben und Adverbien

Gib für die folgenden Vokabeln mindestens eine richtige Bedeutung an.
Die Zahl in Klammern sagt dir, wie viele Bedeutungen du gelernt hast.

a) cadere (1)		n) movere (2)	
b) patere (1)		o) desiderare (2)	
c) solum (1)		p) dicere (2)	
d) amare (1)		q) narrare (1)	
e) aperire (2)		r) cedere (3)	
f) condere (4)		s) parare (3)	
g) nuntiare (1)		t) augere (2)	
h) postea (2)		u) dubitare (2)	
i) complere (2)		v) saepe (1)	
j) tantum (1)		w) torquere (2)	
k) errare (2)		x) concedere (3)	
l) scribere (2)		y) monere (2)	
m) salutare (1)		z) liberare (2)	

10

2. Gesucht und gefunden

a) Markiere in der Tabelle zu Aufg. 1 die sechs Verben, die zur e-Konjugation gehören, gelb.

b) Markiere in der Tabelle zu Aufg. 1 die sechs Verben, die ein s-Perfekt bilden, grün und gib die 1. Person Singular Perfekt an.

....

c) Finde für folgende Wörter die lateinische Übersetzung. Du findest fast alle Vokabeln in der Tabelle zu Aufg. 1.

gründen	zugestehen	gehen	fallen	fällen	vorbereiten	offen stehen	gehorchen

d) Sehr viele Fremd- und Lehnwörter haben ihren Ursprung im Lateinischen. Gib an, welches lateinische Wort den folgenden Fremdwörtern jeweils zugrunde liegt. Hilfe findest du in der Tabelle zu Aufg. 1.

liberal	parat	Aperitif	Motiv	Skript	irren	Diktat	salutieren

3. Scharf kombiniert: eine Detektivaufgabe

20

Fülle die Lücken in den lateinischen Wörtern so, dass sie zu den Übersetzungen passen. Kombiniere richtig, indem du den Buchstaben – z. B. a) – vor die richtige Übersetzung schreibst.

a) ich vergrößerte b) sie kommen c) wir hatten erzählt d) ihr glaubt e) du fasstest f) sie hatten geglaubt g) du vergrößertest h) ich werde erzählen i) ihr fasstet j) sie kamen

… veni□□t … c□pisti□ … auge□□m … narrav□□□mus … ven□□unt

… cred□□□rant … narra□□ … capi□□as … au□isti … cred□□is

4. Transformator

20

Verwandle Präsens in Perfekt, Imperfekt in Plusquamperfekt und Futur I in Futur II – und umgekehrt.

a) amavit → ....

b) moveo → ....

c) invenistis → ....

d) dicunt → ....

e) scripsero → ....

f) violabant → ....

g) moverant → ....

h) inveniebas → ....

i) dixerat → ....

j) scribetis → ....

5. Herkules – ein Held nach unserem Geschmack

30

Schlägst du dich genauso tapfer wie Herkules? Übersetze den folgenden Text schriftlich auf einem Blatt. Beantworte danach die Fragen.

1. Ut multae fabulae narrant, Hercules vir fortis fuit. 2. Semper liber a timore erat, etiam laboribus gaudebat. 3. Saepe homines vel urbes a bestiis defendebat et a periculis liberabat. 4. Sic Eurystheo regi multa officia praestitit. 5. Postquam magnum leonem et Hydram crudelem interfecit, Eurystheus rex statim negotia nova invenit. 6. Itaque Hercules primo stabulum (*Stall*) Augiae regis, qui auxilium ab eo petiverat, purgavit (*reinigen*). 7. Tum aves (*Vögel*) miras, quae homines terruerant, armis occidit. 8. Tandem Cerberum e tenebris ad lucem traxit et ad Eurystheum duxit. 9. Antea quidem Diomedem, regem crudelem, virtute et ingenio vicerat. 10. Cogitaverat enim secum: «Si equis eius cibus fuerit, equi homines non iam interficient. 11. Itaque regem turpem occidam. 12. Rex mortuus cibus equorum erit.»

a) Unterstreiche alle Prädikate doppelt und gib jeweils den Infinitiv Präsens des Verbs an.
b) Unterstreiche alle Akkusative grün.
c) Unterstreiche alle Genitive rot.
d) Gib an, wie viele Aufgaben Herkules insgesamt für König Eurystheus verrichten musste.

1. Wörter, Wörter, Wörter ...

20

Nun sind die Pronomina und viele weitere Wörtchen gefragt. Gib für die folgenden Vokabeln mindestens eine richtige Bedeutung an. Die Zahl in Klammern sagt dir, wie viele Bedeutungen du gelernt hast.

a) alius, a, ud (1)		n) se (1)	
b) tam (1)		o) tuus, a, um (1)	
c) tibi (1)		p) ecce (4)	
d) is, ea, id (2)		q) vester, vestra, vestrum (1)	
e) magis (1)		r) quam (2)	
f) nos (2)		s) cuncti, ae, a (1)	
g) meus, a, um (1)		t) sibi (1)	
h) tu (1)		u) mihi (1)	
i) nonne (1)		v) secum (2)	
j) vobis (1)		w) tandem (1)	
k) suus, a, um (2)		x) noster, nostra, nostrum (1)	
l) ego (1)		y) ita (1)	
m) sed (2)		z) tecum (1)	

2. Gesucht und gefunden

10

a) Markiere in der Tabelle zu Aufg. 1 alle Wörter, die keine Pronomina sind, grün.

b) Markiere in der Tabelle zu Aufg. 1 alle Formen der Personalpronomina der 1. und 2. Person blau. Schreibe die Formen auf, die fehlen.

....

....

....

c) Markiere in der Tabelle zu Aufg. 1 alle Formen des Reflexivpronomens rot.

3. Lückenfüller

Ergänze das folgende Deklinationsschema.

	Singular			Plural		
	m	f	n	m	f	n
Nom.	is					ea
Gen.						
Dat.				eis/iis		
Akk.			id		eas	
Abl.	eo					

4. Kreuz und quer

Bilde jeweils die lateinische Form von *is*, *ea*, *id* und trage sie in die Felder ein.
Vorsicht: Im Deutschen ist der Kasus nicht immer sofort ersichtlich.

senkrecht:
1 sie (m)
2 deren (n)
3 dessen
4 ihnen

waagrecht:
5 durch ihn
6 sie (f)
7 deren (f)
8 ihr
9 durch sie

5. Selbstgefällig

Ergänze die fehlenden Wörter in der linken Spalte.

a) .... placet. Er gefällt sich.
b) .... placent. Sie gefallen mir.
c) .... places. Du gefällst ihr.
d) .... placemus. Wir gefallen uns.
e) .... placetis. Ihr gefallt ihnen.
f) .... placent. Sie gefallen sich.
g) .... placet. Es gefällt euch.
h) .... placeo. Ich gefalle ihm.

1. Wörter, Wörter, Wörter ...

20

Heute geht es um Konjunktionen (beiordnende Bindewörter) und Subjunktionen (unterordnende Bindewörter). Gib für die folgenden Vokabeln mindestens eine richtige Bedeutung an. Die Zahl in Klammern sagt dir, wie viele Bedeutungen du gelernt hast.

a) -que (1)		n) etsi (2)	
b) enim (2)		o) nisi (1)	
c) quam (2)		p) etiam (2)	
d) nam (2)		q) autem (2)	
e) quia (1)		r) dum (3)	
f) vel (1)		s) quamquam (1)	
g) neque…neque (1)		t) sibi (1)	
h) postquam (2)		u) non iam (1)	
i) quemadmodum (2)		v) et (2)	
j) itaque (1)		w) quod (2)	
k) nondum (1)		x) et … et (1)	
l) si (2)		y) sed (2)	
m) tam (1)		z) sic (1)	

2. Gesucht und gefunden

10

a) Markiere in der Tabelle zu Aufg. 1 alle Subjunktionen gelb.

b) Synonyme: Suche zu den folgenden Wörtern jeweils ein Wort mit derselben Bedeutung in der Tabelle zu Aufg. 1.

tam	sed	nam	quod	etsi	ut	et

c) Ergänze das folgende Deklinationsschema zu den Pronomina der 1. und 2. Person.

Nom.	Dat.	Akk.	Abl.
ego			cum
tu			cum
nos			cum
vos			cum

15

3. Lückenfüller

Fülle die Lücken.

	Singular			Plural		
	m	f	n	m	f	n
Nom.	qui	quae	quod			
Gen.				quorum		
Dat.						
Akk.						quae
Abl.		qua			quibus	

10

4. Erntezeit

Fülle die folgenden Vokabeln in die richtigen Körbe.

tandem – nam – si – quamquam – quod – tum – quia – nisi – etsi – postquam – cum – enim

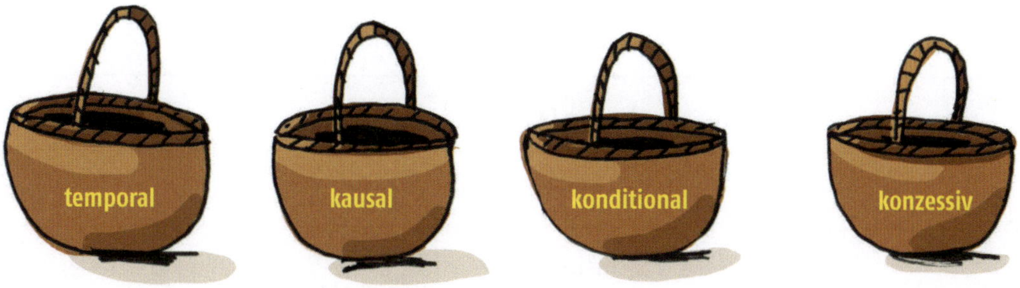

20

5. Wer, wessen, wem und wen?

Vervollständige die Sätze, indem du die passenden Formen von *qui, quae, quod* einsetzt, und übersetze sie.

a) Aeneas, ... Troiam reliquerat, vir fortis erat.

....

b) Aeneas, ... Dido amabat, filium, ... nomen *(Name)* Ascanius erat, habebat.

....

c) Aeneas, ... pater iam mortuus erat, multos comites secum duxit.

....

d) Aeneas Mercurio deo, ... Iuppiter ad eum miserat, paruit.

....

e) Aeneas comites, cum .... Troiam multos annos defenderat, tandem in Italiam duxit.

....

20

1. Wörter, Wörter, Wörter ...

Pronomina und Bindewörter hast du nun wiederholt. Hier werden weitere Wörter abgefragt. Manche sind dir in diesem Heft schon begegnet. Kennst du sie noch? Gib für die folgenden Vokabeln mindestens eine richtige Bedeutung an. Die Zahl in Klammern sagt dir, wie viele Bedeutungen du gelernt hast.

a) numquam (1)		n) vivere (1)	
b) accusare (2)		o) consilium (4)	
c) hora (1)		p) nobis (1)	
d) vir (1)		q) sol (1)	
e) mihi (1)		r) lingua (2)	
f) properare (2)		s) clamare (2)	
g) beatus (2)		t) vos (2)	
h) mons (1)		u) tecum (1)	
i) amicus (1)		v) mox (1)	
j) bene (1)		w) quamquam (1)	
k) officium (2)		x) intrare (2)	
l) ornare (2)		y) mors (1)	
m) vix (2)		z) primus (1)	

10

2. Gesucht und gefunden

a) In der Tabelle zu Aufg. 1 sind vier Formen von Personalpronomina versteckt. Markiere sie gelb.

b) Parliamo italiano! Lasst uns Italienisch sprechen!
Du wirst dich wundern, wie viele italienische Wörter du kennst. Finde in der Tabelle zu Aufg. 1 das entsprechende lateinische Wort zu den folgenden italienischen Vokabeln.

amico	morte	monte	entrare	chiamare	primo	ora	sole

c) Aus welchem lateinischen Kasus haben sich die italienischen Wörter *monte*, *sole*, *morte* scheinbar entwickelt?

....

3. Feldarbeit

20

Bestimme zunächst den Kasus und Numerus einer jeden Form. Verwandle sie danach in die entsprechende Form im Singular bzw. Plural. Die Zahl in der Klammer hinter dem Wort zeigt dir, wie viele verschiedene Lösungen es jeweils gibt.

quam (1)		eis (3)	
vobis (1)		quorum (1)	
mihi (1)		vos (2)	
ii (1)		cui (1)	
eius (2)		quos (1)	
eos (1)		cuius (2)	
tibi (1)		nos (2)	
quod (2)		qua (1)	
eam (1)		earum (1)	
id (1)		te (1)	

4. Äneas hat viel durchgemacht ...

30

Übersetze den folgenden Text schriftlich auf einem Blatt.

a) Graeci, qui in equo latuerant, omnia aedificia Troiae delebant.
b) Itaque Aeneas patriam, quam diu defenderat, relinquere debuit.
c) In ea fuga Creusam, uxorem caram, cuius fortunam nescimus, amisit.
d) Patrem autem et filium e periculo servavit.
e) Post mortem patris Aeneas cum filio comitibusque ad Didonem venit, quae eos bene curabat.
f) Etsi Dido voluit Aeneam apud se manere, tamen is imperio, quod dei dederant, paruit et in Italiam contendit.
g) Ibi multa et acria bella cum hostibus novis gessit.
h) Eorum imperator erat Turnus, de quo iam audivistis.

20

1. Wer? Wie? Was?

Hier werden Fragewörter und für den AcI wichtige Verben wiederholt. Gib für die folgenden Vokabeln mindestens eine richtige Bedeutung an. Die Zahl in Klammern sagt dir, wie viele Bedeutungen du gelernt hast.

a) existimare (2)		n) quando? (1)	
b) quid? (1)		o) creare (2)	
c) putare (2)		p) ubi? (1)	
d) cur? (1)		q) contendere (4)	
e) demonstrare (2)		r) licet (2)	
f) posse (1)		s) debere (2)	
g) constat (2)		t) sperare (2)	
h) dicere (2)		u) cui? (1)	
i) unde? (1)		v) cogitare (2)	
j) nonne? (1)		w) scire (3)	
k) audire (1)		x) quin? (1)	
l) animadvertere (1)		y) oportet (2)	
m) quis? (1)		z) sentire (3)	

10

2. Gesucht und gefunden

a) Der AcI steht nach unpersönlichen Ausdrücken, nach Verben des Wahrnehmens, des Meinens oder Wissens, des Redens oder Erzählens. Markiere alle Verben in der Tabelle zu Aufg. 1, die zu diesen Gruppen gehören, gelb.

b) Die folgenden Fremdwörter haben eine lateinische Wurzel. Gib ihr lateinisches Ursprungswort an und erkläre kurz, was sie bedeuten.

audio-visuell ....

Konstante ....

Lizenz ....

Kreation ....

potentiell ....

3. Baumeister

Bilde aus den Mauerelementen entsprechend der Übersetzung lateinische Sätze mit AcI.
Verwende jeden Stein und notiere die Sätze auf einem Blatt.

eum	Didonem	Aeneas	urbem condidisse		
mulieres in urbem arcessere	Aeneam amare	relinquere velle			
Dido	Romulum	se	oportet	sciebat	me
fratrem interfecisse	constat	Romulus	se	audivistis	
sensit	imperio deorum parere	scivit	audivisti	eum	

a) Es steht fest, dass Romulus die Stadt Rom gegründet hat.
b) Du hast gehört, dass er *(= Romulus)* Frauen in die Stadt holte.
c) Romulus wusste, dass er *(selbst)* seinen Bruder getötet hatte.
d) Ihr habt gehört, dass Dido Äneas liebte.
e) Dido fühlte, dass er *(= Äneas)* sie verlassen wollte.
f) Äneas wusste: Es gehört sich, dass ich dem Befehl der Götter gehorche.

4. Romulus, Remus und die Sache mit der Mauer

Übersetze den folgenden Text schriftlich auf einem Blatt. Löse zuvor die Aufgaben.

1. Livius narrat Romulum et Remum fratres fuisse. 2. Ii urbem novam condere in animo habuerunt, sed primo locum, qui ambobus (*beiden*) placuit, non invenerunt. 3. Postquam autem locum idoneum invenerunt, de imperio controversiam (*Streit*) habebant.
4. Itaque consilium ceperunt auxilium a deis petere. 5. Constat deos fratribus signa varia dedisse. 6. Remus dixit deos primo sibi signa bona misisse. 7. Ergo comites eius clamaverunt: »Oportet Remum regem urbis novae esse.«
8. Romulus autem contendit signa, quae dei sibi dederant, magis valere.
9. Itaque non dubitavit murum urbis suae aedificare. 10. Quia Remus eum murum magna voce risit, Romulus cum fratre contendit. 11. Certe scitis in ea pugna Remum cecidisse.

a) Markiere alle Prädikate, die einen AcI auslösen, gelb.
b) Unterstreiche alle Subjektsakkusative und Infinitive, die zu einem AcI gehören, grün.

10

1. Noch ein letztes Mal

Endspurt! Du hast die Wiederholung des Lateinstoffs fast geschafft.
Gib nochmals mindestens eine richtige Bedeutung für die folgenden Vokabeln an.
Die Zahl in Klammern sagt dir, wie viele Bedeutungen du gelernt hast.

a) comes (2)		g) spes (2)	
b) custodire (2)		h) vultus (3)	
c) observare (1)		i) causa (4)	
d) gemitus (2)		j) dies (1)	
e) pertinere ad (3)		k) portus (1)	
f) maritus (1)		l) pernicies (2)	

5

2. Gesucht und gefunden

a) Welches Substantiv auf *-us* in der Tabelle zu Aufg. 1 gehört nicht zur u-Deklination?

....

b) Welche Substantive in der Tabelle zu Aufg. 1 gehören zur e-Deklination?

....

c) Markiere die lateinische Wendung mit der dazugehörigen Übersetzung jeweils in derselben Farbe.

res adversae	res futurae	res secundae	res publica
Glück	Unglück	Staat	Zukunft

15

3. e und u – das geht im Nu!

Vervollständige die Deklinationstabellen.

	e-Deklination		u-Deklination	
	Singular	Plural	Singular	Plural
Nominativ	r-es	r-	gemit-us	gemit-
Genitiv	r-	r-	gemit-	gemit-
Dativ	r-	r-	gemit-	gemit-
Akkusativ	r-	r-	gemit-	gemit-
Ablativ	r-	r-	gemit-	gemit-

20

4. Formenstaffel

Verwandle entsprechend der Vorgaben und übersetze.

a) manus → Dat. ____________________ → Pl. ____________________ → Nom. ____________________

b) dies → Abl. ____________________ → Gen. ____________________ → Pl. ____________________

1. Noch ein letztes Mal

10

Endspurt! Du hast die Wiederholung des Lateinstoffs fast geschafft. Gib nochmals mindestens eine richtige Bedeutung für die folgenden Vokabeln an. Die Zahl in Klammern sagt dir, wie viele Bedeutungen du gelernt hast.

a) praeterire (2)		d) exire (1)	
b) adire (3)		e) audire (1)	
c) inire (2)		f) abire (1)	

2. Gesucht und gefunden

5

a) Füge die Wörter aus der Tabelle zu Aufg. 1 an die jeweils richtige Stelle in das Bild ein.

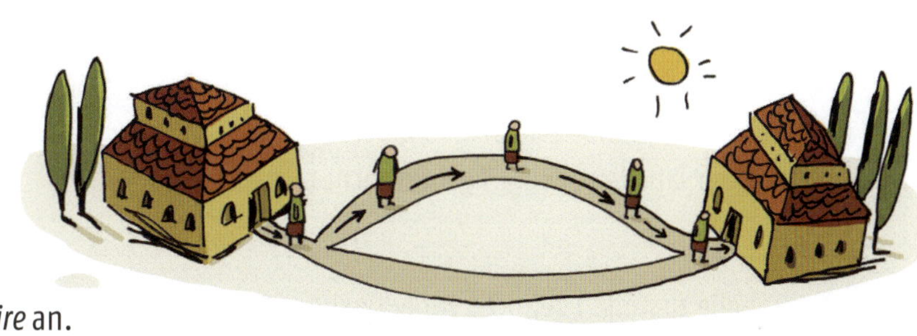

b) Gib die Stammformen von *ire* an.

....

3. Geh-Test

15

a) Ordne jeder Verbform die richtige Bestimmung zu.

1. adieram – 2. adite – 3. exisse – 4. itis – 5. isti – 6. adeunt – 7. exibitis – 8. abi – 9. inierimus

a) 1. Pers. Sg. Plusqpf. b) 2. Pers. Sg. Perf. c) Inf. Perf. d) 2. Pers. Pl. Fut. I e) Imp. Sg. f) 3. Pers. Pl. Präs. g) 1. Pers. Pl. Fut. II h) Imp. Pl. i) 2. Pers. Pl. Präs.

b) Übersetze die Verbformen auf einem Blatt.

4. Kreuz und quer

20

a) Bilde jeweils die angegebene Form von *ire*.

waagrecht:
1 3. Pers. Sg. Perf.
2 1. Pers. Sg. Fut. I
3 1. Pers. Pl. Fut. I
4 Imp. Pl.
5 2. Pers. Sg. Impf.
6 1. Pers. Sg. Perf.
7 2. Pers. Pl. Präs.

senkrecht:
8 2. Pers. Sg. Fut. I
9 1. Pers. Sg. Präs.
10 2. Pers. Pl. Perf.
11 3. Pers. Pl. Fut. I
12 2. Pers. Sg. Fut. II
13 3. Pers. Sg. Impf.
14 Imp. Sg.

b) Übersetze alle 14 Verbformen auf einem Blatt.

Nun zeigt sich, ob du ordentlich wiederholt hast und dich verbessern konntest. Bearbeite die Aufgaben und vergleiche deine Antworten mit den Lösungen im Lösungsheft. Dort siehst du auch, wie viele Punkte du für jede richtige Antwort erhältst. Zähle die Punkte, die du für deine richtigen Antworten erhalten hast, zusammen und ermittle danach mit der Bewertungstabelle am Ende des Abschlusstests, wie deine Leistung zu bewerten ist.

1. Wort für Wort — 5 BE

Gib für die folgenden Vokabeln mindestens eine richtige Bedeutung an.
Die Zahl in Klammern sagt dir, wie viele Bedeutungen du gelernt hast

a) imperium (3)		f) putare (2)	
b) diu (1)		g) sine (1)	
c) crudelis (1)		h) patria (1)	
d) civis (1)		i) vivere (1)	
e) capere (3)		j) timor (2)	

2. Ordne richtig zu. — 3 BE

1. equo	2. fontes	3. urbem	4. negotia	5. servi	6. virorum
a) omnia	b) magnam	c) tristis	d) celeri	e) fortium	f) novos

3. Bilde Formen. — 6 BE

a) Gen. Sg. von libertas	d) Akk. Pl. von signum . . . .
b) Akk. Sg. von fuga	e) Dat. Pl. von vox . . . .
c) Nom. Pl. von ea	f) Akk. Pl. von sonus. . . . .

4. Ordne gleiche Tempora einander zu. — 3 BE

1. cenaveram	2. dono	3. dixerunt	4. movebas	5. traxero	6. bibent
a) erravisti	b) miseris	c) sciebamus	d) tacebunt	e) cecideramus	f) sumus

5. Bestimme Person, Numerus und Tempus. — 6 BE

a) audiveram	d) credidisti . . . .
b) dubitabant	e) veniemus . . . .
c) placuit	f) vult . . . .

6. Füge das Relativpronomen ein. **2 BE**

a) Homines montem, ... oppidum deleverat, timebant.
(Die Menschen fürchteten den Berg, *der* die Stadt zerstört hatte.)

b) Romulus et Remus, de .... iam audivistis, fratres erant.
(Romulus und Remus, von *denen* ihr schon gehört habt, waren Brüder.)

7. Wähle die richtige Übersetzung aus. **4 BE**

a) Milites narrabant se eum in pugna interfecisse.
1. Die Soldaten erzählten, dass er sie *(d. h. die Soldaten)* im Kampf getötet hatte.
2. Die Soldaten erzählten, dass sie *(d. h. die Soldaten)* diesen/ihn (d. h. einen anderen) im Kampf getötet hatten.
3. Die Soldaten erzählten, dass er sich im Kampf tötet.
4. Die Soldaten erzählten, dass sie *(d. h. andere)* ihn im Kampf getötet hatten.

b) Romulus credit deos ei numquam adesse.
1. Romulus glaubt, dass dieser/er *(z. B. Remus)* niemals den Göttern hilft.
2. Romulus glaubt, dass er *(d. h. Romulus)* den Göttern niemals geholfen hat.
3. Romulus glaubt, dass die Götter ihm *(d. h. Romulus)* niemals geholfen haben.
4. Romulus glaubt, dass die Götter diesem/ihm *(z. B. Remus)* niemals helfen.

8. Übersetze. **9 BE**

a) Hercules multa facta fortia fecit.
b) Omnia negotia, quae Eurysteus rex ei dederat, bene gessit.
c) Magna pericula virtute et ingenio superabat, numquam de salute desperabat.
d) Itaque Graeci et Romani putabant Herculem non solum virum fortem, sed etiam filium Iovis fuisse.

....

....

....

....

9. Beantworte in kurzen Sätzen. **2 BE**

a) Warum hat Romulus Remus getötet?

....

b) Warum musste Äneas Dido wieder verlassen?

....

BE	40–35	34–29	28–23	22–17	16–11	10–0
Bewertung	**Königsadler** König der Lüfte	**Steinadler** Eroberer der Höhen	**Brieftaube** ...findet ihren Weg	**Täubchen** ...braucht noch ein paar Flugstunden	**Rohrspatz** ...viel Lärm um nichts	**Gummiadler** ...taugt eher als Braten

Inhalt

Seite				
3	Vorwort			
4/5	Einstufungstest			
6/7	Lernblock 1	Lernstufe 1	Substantive u. Adjektive	a-Deklination und o-Deklination
8/9		Lernstufe 2		3. Deklination und die Präpositionen
10/11		Lernstufe 3		Wiederholung der Deklinationen und Präpositionen *Tohuwabohu in Pompeji*
12/13	Lernblock 2	Lernstufe 4	Verben u. Adverbien	Unterscheidung der Konjugationen Präsens und Imperfekt die Verben *esse* und *posse*
14/15		Lernstufe 5		Perfekt und Plusquamperfekt
16/17		Lernstufe 6		Futur I; die Adverbien; das Verb *velle*
18/19		Lernstufe 7		Wiederholung der Tempora *Herkules – ein Held nach unserem Geschmack*
20/21	Lernblock 3	Lernstufe 8	Pronomina u. Konjunktionen	Personal-, Possessiv- und Reflexivpronomina
22/23		Lernstufe 9		Relativpronomina; Konjunktionen und Subjunktionen
24/25		Lernstufe 10		Wiederholung der Pronomina und Bindewörter *Äneas hat viel durchgemacht*
26/27	Lernblock 4	Lernstufe 11	AcI; Fragepartikel	*Romulus, Remus und die Sache mit der Mauer*
28/29	Lernblock 5	Lernstufe 12	Substantive	*Campus B:* u- und e-Deklination
			Verben	*Campus C: ire* und Komposita
30/31	Abschlusstest			

Erreichbare Bonuspunkte

alle Übungen für Spatzen: insg. 1200 Bonuspunkte

alle Übungen für Tauben: insg. 900 Bonuspunkte

alle Übungen für Adler: insg. 600 Bonuspunkte